BEI GRIN MACHT SICH IHR WISSEN BEZAHLT

- Wir veröffentlichen Ihre Hausarbeit,
  Bachelor- und Masterarbeit

- Ihr eigenes eBook und Buch -
  weltweit in allen wichtigen Shops

- Verdienen Sie an jedem Verkauf

Jetzt bei www.GRIN.com hochladen
und kostenlos publizieren

Michael A. Braun

Erscheinungsformen des nach außen gerichteten militärischen Zeremoniells und staatlicher Symbole am Beispiel der Bundesrepublik Deutschland und der Bundeswehr

GRIN Verlag

Bibliografische Information der Deutschen Nationalbibliothek:

Die Deutsche Bibliothek verzeichnet diese Publikation in der Deutschen National-
bibliografie; detaillierte bibliografische Daten sind im Internet über http://dnb.d-
nb.de/ abrufbar.

Impressum:

Copyright © 2005 GRIN Verlag GmbH
Druck und Bindung: Books on Demand GmbH, Norderstedt Germany
ISBN: 978-3-640-18425-5

Freie Universität Berlin

Hausarbeit

Erscheinungsformen des nach außen gerichteten militärischen Zeremoniells und staatlicher Symbole

am Beispiel der Bundesrepublik Deutschland und der Bundeswehr

Abgabetermin: 30. Juni 2005

Michael A. Braun

Verzeichnisse

Inhaltsverzeichnis

Abbildungsverzeichnis

1 Gegenstand und Gang der Untersuchung

Diese Hausarbeit beleuchtet einen Aspekt des 'Diplomatischen Protokolls' näher: das 'nach außen gerichtete militärische Zeremoniell und staatliche Symbole'. Befasst man sich mit dem Thema, so wird schnell klar, dass zur Diplomatie auch militärisches Protokoll gehört. Dies äußert sich für jeden hohen Gast der Bundesrepublik sowie für deutsche Gäste im Ausland durch die jeweils entgegengebrachte Wertschätzung. Hier stellt sich jedoch die Frage, wie ein abstraktes Gebilde, z.B. ein Staat, diese vermitteln kann.

Aus diesem Grund verwendet die Diplomatie eine international übliche und anerkannte 'Zeichensprache', um Rang und Wichtigkeit einzelner Würdenträger zu definieren; deren Wertschätzung durch den Gastgeber sowie ggf. politische Absichten zu verdeutlichen.[1] Sie dient damit eigenen politischen Interessen und schafft, sozusagen 'durch die Blume', den Rahmen für die weitere Zusammenarbeit. Die Hausarbeit untersucht nun die Teile des diplomatischen Protokolls, die von militärischer Seite ausgeführt werden.

Man kann wohl davon ausgehen, dass viele Armeen der Erde über mehr oder weniger stark ausgeprägte und reglementierte Zeremonielle[2] verfügen. Bei Älteren entstanden diese über Jahrhunderte; bei Jüngeren oft durch Abkopieren sowie Verordnung.[3] Die Gründe für die Entwicklung bzw. Einführung solcher Zeremonielle sind sicher vielschichtig. Es kann jedoch festgehalten werden, dass militärische Führung und Disziplin wesentliche Hauptmotive dafür sind. Die 'Truppe' wird durch sie daran erinnert, dass man eine Einheit bildet und eine Aufgabe zu erfüllen hat. Alle Mitglieder sollen 'an einem Strang' ziehen. Ferner kommen Traditionspflege, also der Nachweis der Verwurzelung der Armee mit dem entsprechenden Staat, sowie Selbstdarstellung bzw. die Darstellung der Kampfbereitschaft hinzu. Das militärische Zeremoniell kann demzufolge (1) in der Innenwirkung als ein gut sichtbares Motivationsinstrument für Soldaten betrachtet werden. Ferner würdigen einzelne militärische Zeremonielle (2) in der Außenwirkung eine Situation (z.B. Staatsbesuch) so, wie es dem jeweiligen Anlass entspricht.

Grundlage des deutschen zeitgenössischen militärischen Zeremoniells ist der Traditionserlass des Bundesministers der Verteidigung.[4] Darin wird versucht, subjektiv erhaltenswerte Traditionen der Vorgängerarmeen zusammenzufassen und in der Truppe wei-

---

[1] Vgl. Internet VII
[2] Vgl. Brockhaus (1999d), S. 543 - Abgeleitet von Zeremonie (religiöse Handlung, Feierlichkeit); i.e.S. die zu Kult und Ritus gehörenden, durch Tradition legitimierten/vorgeschriebenen Zeichen/Handlungen.
[3] Vgl. Hartmann (2000), S. 215
[4] ebenda

terzuführen. Im Einzelnen sind dies Pflichterfüllung und Gehorsam, Ehre und Würde, Leistung und Tüchtigkeit, Mitdenken und Verantwortung sowie Vaterlandsliebe.

Doch was versteht man unter 'militärischem Zeremoniell'? Hier würde man vielleicht an Truppenparaden, Wachdienst und Wachablösung, militärisches Grüßen und Melden, Salutschießen und Flaggenparaden oder einfach 'nur' die Rangordnung denken. All dies ist grundsätzlich richtig (wenn auch nicht vollständig). Die Arbeit konzentriert sich jedoch wie bereits genannt auf die Darstellung staatlicher Souveränität nach außen, also das militärische Zeremoniell und staatliche Symbole bei Staatsbesuchen und zu wichtigen öffentlichen Anlässen. Dazu wird allerdings nicht dessen Rolle in der Diplomatie erläutert, sondern das militärische Zeremoniell an sich beschrieben. Als weitere Eingrenzung, wird ferner nur dasjenige der Bundeswehr, nicht jedoch des Militärs allgemein vorgestellt. Zusammenfassend kann man sagen, die Hausarbeit beschreibt das im Inland für hohe Würdenträger von der Bundeswehr ausgeübte militärische Zeremoniell.

Die Hausarbeit gliedert sich dazu wie folgt: Nach dieser kurzen Einleitung werden staatliche und militärische Symbole vorgestellt. All diese werden bei der Ausübung des militärischen Zeremoniells einzeln oder zusammen zwingend verwendet. Im nächsten Kapitel wird auf eine weitere Grundlage eingegangen: das Gelöbnis und die Vereidigung. Ohne diese könnte militärisches Zeremoniell gar nicht stattfinden. Darüber hinaus nehmen beide auch eine 'Zwitterstellung' ein, weil der jeweilige Akt an sich schon ein nach innen und außen gerichtetes militärisches Zeremoniell darstellt. Darauf folgt die Beschreibung des Wachbataillons, welches für das militärische Zeremoniell auf Bundesebene verantwortlich und somit unabdingbar zu nennen ist. Nun folgt der nahtlose Übergang zur Vorstellung des eigentlichen, nach außen gerichteten militärischen Zeremoniells. Hierzu werden zuerst die militärischen Ehren vorgestellt und dann wird zum 'Höhepunkt', dem Großen Zapfenstreich, übergegangen. Abschließend folgt eine Zusammenfassung im Fazit. Hier wird die Schlussfolgerung sowie eine Bewertung des Stellenwerts des militärischen Zeremoniells in der Bundesrepublik zu finden sein.

Anmerkung: Aus Gründen der Lesbarkeit werden stets männliche Bezeichnungen verwendet. Dies stellt keine Diskriminierung gegenüber Frauen dar. Ferner werden im Anhang Literaturhinweise der Autorenbezeichnung ‚N.N.' zugesprochen. Trotz einiger Bemühung waren leider keine Namen der entsprechenden Autoren auffindbar.

2   Feierliches Gelöbnis und Vereidigung

Die europäischen Staaten und deren Militär entstanden vor rund 300 Jahren in ihrer heutigen Form. Aus der Notwendigkeit nach mehr Disziplin entschied man sich damals jedoch für stehende Heere statt des bis dahin existierenden Söldnerwesens. Dort wurden dann Kasernierung und Drill eingeführt, denn je besser einzelne Handgriffe und Abläufe geübt waren, desto schneller konnte man im Ernstfall reagieren. Aus diesem Grund durchlaufen auch heute alle Rekruten der Bundeswehr eine 'Grundausbildung'. In ihr werden wesentliche militärische Grundfertigkeiten vermittelt. Der junge Soldat ist somit in der Lage, grundsätzlich alle aufbauenden Fachausbildungen[5] zu absolvieren.

Um dazu bereit zu sein, wird am Ende der Grundausbildung der Eid[6] bzw. das Gelöbnis[7] abgelegt. Bei beiden handelt es sich um einen militärischen Diensteid. Durch diesen werden die soldatischen Pflichten jedoch nicht begründet, sondern nur bekräftigt. Die Soldaten der Bundeswehr leisten aus historischen Gründen auch keinen Fahneneid im eigentlichen Sinne; obwohl beide seit 1965 körperlich auf die Truppenfahne abgelegt werden. Anstelle des Gehorsameids gegenüber dem Staatsoberhaupt bzw. Treueeids gegenüber der Verfassung der Vorgängerarmeen, legen die Zeit- und Berufssoldaten heute nur den 'Eid'[8] und die Grundwehrdienstleistenden das 'feierliche Gelöbnis'[9] ab.

Bei beiden verläuft das Zeremoniell dennoch meist sehr würdevoll und in einer für Rekruten prägenden Weise ab.[10] So marschieren die gelobenden bzw. zu vereidigenden Soldaten zu Beginn in Formation an den dafür vorgesehenen Platz. Dies ist insbesondere dann interessant, wenn z.B. bei einem öffentlichen, also nicht in der Kaserne stattfindenden Gelöbnis, breites Interesse an der Veranstaltung besteht. Jedoch auch wenn 'nur' Verwandte zusehen, muss der Ablauf intensiv eingeübt werden. Dies gilt selbstverständlich ebenfalls für die Militärkapelle, welche während der Veranstaltung spielt.

---

[5] Die persönliche Eignung vorausgesetzt gilt dies z.B. für einzelne Truppengattungen wie die Panzertruppe, die Flugabwehr oder auch das Feldjägerwesen.

[6] Vgl. Brockhaus (1999a), S. 137 - Feierliche Bekräftigung einer Aussage; Urphänomen das bis in die frühgeschichtliche Zeit zurückreicht und für sehr unterschiedliche Anlässe verwendet wurde.

[7] Vgl. Brockhaus (1999c), S. 280 - Eidesgleiche Beteuerung

[8] §9 SoldatenG (1) 'Berufssoldaten und Soldaten auf Zeit haben folgenden Diensteid zu leisten: ‚Ich schwöre, der Bundesrepublik Deutschland treu zu dienen und das Recht und die Freiheit des deutschen Volkes tapfer zu verteidigen, so wahr mir Gott helfe.' Der Eid kann auch ohne die Worte 'so wahr mir Gott helfe' geleistet werden.

[9] Ebenda - (2) 'Soldaten, die auf Grund der Wehrpflicht Wehrdienst leisten bekennen sich zu ihren Pflichten durch das folgende feierliche Gelöbnis ‚Ich gelobe, der Bundesrepublik Deutschland treu zu dienen und das Recht und die Freiheit des deutschen Volkes tapfer zu verteidigen, so wahr mir Gott helfe.' Der Eid kann auch ohne die Worte 'so wahr mir Gott helfe' geleistet werden.

[10] Vgl. Intranet X - z.B. mit Fackeln vor dem Zweibrücker Schloss und anschließend langes Wochenende.

Dann folgen meist die Ansprachen von hohen militärischen Vorgesetzten (z.B. Bataillonskommandeur) und regionalen Vertretern (z.B. Landrat). Auf Kommando treten nun – i.d.R. einer pro Kompanie – Rekruten hervor und geloben gemeinsam die vorgeschriebene Formulierung. Durch die Auswahl Einzelner wird trotzdem für die gesamte Gruppe gesprochen. Um formal richtig und rechtlich abgesichert zu sein, unterschreibt jeder Soldat ohnehin im Anschluss nochmals ein gedrucktes Gelöbnis.

Allerdings kann man das Gelöbniszeremoniell auch kritisch sehen. Zwar ist das Militär wohl unbestritten das letzte Mittel zur (gewaltsamen) Entscheidung eines Konflikts mit anderen Staaten. Durch das Zurückstellen des eigenen, individuellen Lebens vernachlässigt das Gelöbnis freilich, dass alle Soldaten 'Staatsbürger in Uniform' sind. Dies bedeutet auch, der bundeswehrinterne Grundsatz der 'Inneren Führung', wonach jeder Soldat die Freiheit und sogar Verpflichtung hat, eigenständig mitzudenken und sich ein gefestigtes Urteil zu bilden, wird im Ernstfall zwangläufig hinter Befehl und Gehorsam stehen müssen.[11] Der Soldat hat dies ja immerhin so gelobt oder gar geschworen.

Dessen ungeachtet kann man jedoch festhalten, dass sowohl der Eid als auch die etwas abgeschwächte Form des Gelöbnisses in ihrer Kundgebung ein sehr wichtiges militärisches Zeremoniell sind. Beide Formen sind für die Bundeswehr als Organisation, aber auch für den einzelnen Soldaten von höchster Wichtigkeit. Sie beeinflussen zwar nicht oder nur sehr minimal sein Tagesgeschehen, die Auswirkungen für das gesamte Dienstverhältnis und die Motivation des Soldaten sind, zumindest normativ, jedoch gewaltig.

So sind beide für die Außenwirkung jedweder militärischen Aktion und somit auch des militärischen Zeremoniells grundlegend wichtig. Mehr noch, beide stellen an sich schon ein wichtiges, allerdings nach innen gerichtetes, Zeremoniell dar. Darüber hinaus kann festgehalten werden, dass der Eid und das Gelöbnis neben ihrer Integrationswirkung weitere gewünschte Auswirkungen für das Militär im Allgemeinen haben.[12] Man kann davon ausgehen, dass die Übernahme von Verantwortung und das Hervorrufen eines Wir-Gefühls bzw. von Motivation zu den wesentlichsten Vorteilen gehört.[13] Beides sehen die durch das militärische Zeremoniell geehrten Personen später bildlich vor sich. Inwieweit sich jeder Soldat die Dimension dieser – seiner! – tatsächlichen oder eher unfreiwilligen Entscheidung allerdings bewusst macht ist jedoch nicht bekannt.

---

[11] Vgl. Bundesministerium der Verteidigung (1999), S. 7ff.
[12] Vgl. Wetzel (2001), S. 195ff.
[13] Dieser Punkt wird im Kapitel 2.3 (Truppenfahne) weiter vertieft werden.

3   Staatliche und militärische Symbole

Wie bereits im Vorkapitel angesprochen, spielen symbolische Handlungen im militärischen Zeremoniell offenbar eine grundlegend wichtige Rolle. Hier stellt sich nun die Frage, was ein Symbol eigentlich ist?! Per Definition ist es ein mit Sinnen wahrnehmbarer Gegenstand oder Vorgang[14], der stellvertretend für etwas steht, was selbst nicht oder nur sehr schwer wahrnehmbar (Gedachtes, Geglaubtes) ist. Diese Definition trifft somit auch auf den Staat als abstraktes Gebilde zu. Kann man den Staat anfassen? Oder schmecken? Da beides nicht der Fall ist, helfen Symbole, etwas Unsichtbares sichtbar zu machen. Hier denke man bspw. an die Nationalhymne oder die Bundesflagge. Beide sind nicht die Bundesrepublik Deutschland; aber sie stehen ganz maßgeblich für sie.

Dieselbe Begründung gilt für die Bundeswehr. Diese hat es im Grunde zwar einfacher; sie kann Panzer, Flugzeuge und Schiffe zeigen. Doch was steckt dahinter? Wer ist sie? Unter anderem deshalb ziehen Soldaten Uniformen an, haben eine Flagge und ein 'Unternehmenslogo'. Für beide Bereiche, also Staat und Militär, ist der Bundespräsident in Rahmen der Staatspflege, seiner Repräsentationspflicht, zuständig. Als Staatsoberhaupt bestimmt er die Symbole, die neben ihm den Staat darstellen. Dies kommt dann dem militärischen Zeremoniell zugute, welches die Symbole dann genau dosiert verwendet.

3.1 Nationalhymne und Bundesflagge

Nationalhymne und Bundesflagge sind sicher allgemein anerkannt die beiden bekanntesten Staatssymbole der Bundesrepublik Deutschland. So blicken beide auf eine lange Tradition und enge Verwurzelung mit der deutschen Staatsgeschichte zurück.[15]

Das 1841 von August-Heinrich Hofmann von Fallersleben zur Melodie von Joseph Haydns Kaiserhymne gedichtete 'Lied der Deutschen' wurde bereits 1922 von Reichspräsident Friedrich Ebert zur Nationalhymne der Weimarer Republik erklärt. Diese Entscheidung wurde 1952 von Bundespräsident Theodor Heuss bestätigt, als dieser ebenfalls entschied, das Lied als Nationalhymne zu verwenden. Mit Blick auf die jüngste Vergangenheit sollte jedoch bei staatlichen Anlässen nur die dritte Strophe gesungen werden. Die letzte Bestätigung der Nationalhymne fand 1990 aus Anlass der Wiederherstellung der Deutschen Einheit durch Bundespräsident Richard von Weizsäcker statt.

---

[14] Griechisch: 'symbolon' - Wahrzeichen, Merkmal
[15] Vgl. Internet IV

Die Tradition der Bundesflagge reicht sogar noch weiter zurück.[16] Bereits 1818 wählte die 'Allgemeine deutsche Burschenschaft' Schwarz-Rot-Gold als Erkennungszeichen für sich. Möglicherweise handelte es sich dabei um die Farben des alten Reichs bzw. eine Anlehnung an die Befreiungskriege 1813/14. Deutlicher konnten sich die Farben auf dem 'Hambacher Fest' von 1832 sowie durch die Märzrevolution von 1848 etablieren. Durch das Scheitern derselben verschwanden sie jedoch kurzzeitig wieder.

Otto von Bismarck übernahm für den Norddeutschen Bund und später für das Deutsche Kaiserreich die Farben Schwarz-Weiß-Rot. Erst in der Weimarer Republik tauchte die heutige Farbkombination wieder auf. Diese wurde als 'Reichsfarben' erklärt und in die Verfassung aufgenommen. Die Nationalsozialistische Deutsche Arbeiterpartei schaffte diese dann wieder ab und setzte die eigene Parteiflagge (Hakenkreuz) als Staatssymbol durch. Erst nach Ende des Zweiten Weltkriegs kam wieder Stabilität in die Frage der deutschen Nationalflagge: So entschied man sich für die Bundesrepublik mit Blick auf die 1848er-Revolution und die Weimarer Republik erneut für Schwarz-Rot-Gold.[17]

3.2 Eisernes Kreuz

Das Eiserne Kreuz gilt schlicht als 'das' Symbol der Bundeswehr oder allgemein des deutschen Militärs. Die ursprünglich preußische und später deutsche Kriegsauszeichnung für Soldaten wurde zu Beginn der Befreiungskriege 1813 von König Friedrich Wilhelm III von Preußen gestiftet. Seither wurde die Medaille allen Dienstgraden als Auszeichnung in vier Kriegen verliehen: 1813, 1870, 1914 und 1939. Als Verleihungsgrundlage galt es, besondere Tapferkeit (vor dem Feind) oder herausragende Truppenführung 'an den Tag zu legen'. Seit 1915 konnte das Eiserne Kreuz darüber hinaus auch an deutsche Zivilisten und Soldaten verbündeter Streitkräfte verliehen werden.

Laut Gesetz von 1957 ist das Tragen der Auszeichnung 'Eisernes Kreuz' erlaut; lediglich die von 1939 bis 1945 verliehenen Ausführungen mit einem Hakenkreuz sind verboten.[18] Besondere Relevanz erhält das Eiserne Kreuz als Symbol, da es seit Gründung der Bundeswehr 1955 als Stilelement deren charakteristisches Erkennungszeichen ist.[19]

---

[16] Vgl. Internet V
[17] Vgl. Internet I
[18] Die optischen Veränderungen, die das Eiserne Kreuz in seiner langen und wechselvollen Geschichte erfahren hat, sind im Anhang ausführlich dargestellt. (Siehe Abb. 1-7)
[19] Vgl. Brockhaus (1999a), S. 226

3.3 Truppenfahne und Uniform

Truppenfahnen gelten seit jeher als Symbol für die Treue, Standhaftigkeit und Einsatzbereitschaft der Soldaten.[20] So hatten bereits die Heere des Altertums (Ägypter, Perser, Assyrer u.a.) Fahnen als Erkennungszeichen, Sammelpunkt und Möglichkeit zur Übermittlung von taktischen Zeichen dabei.[21] Auch verbildlicht sich damit der Treueeid, den ein Soldat Beginn seiner Dienstzeit 'auf die Fahne' zu Gunsten seines Dienstherrn und seiner Einheit ablegte. Auf diese Weise wird man auch im Gefecht stets daran erinnert.

Wie wichtig die Truppenfahne im Militär war, lässt sich auch daran erkennen, dass es bereits seit dem Mittelalter entsprechende Dienstposten gibt.[22] So waren Fahnenträger Persönlichkeiten, die die Ehre hatten, die Fahne tragen zu dürfen. Man nannte sie – wie heute die Offizieranwärter übrigens auch – Fahnenjunker, Fähnrich oder Oberfähnrich.

Bei der Bundeswehr wurde 1965, also erst zehn Jahre nach ihrer Gründung, durch Bundespräsident Heinrich Lübke eine Truppenfahne eingeführt.[23] Mit der 'Wartezeit' sollte verhindert werden, dass die Bundeswehr in einen ähnlichen 'Paraden- und Flaggenwahn' driftet wie die Reichswehr – oder auch nur in den Verdacht desselben kommt.[24] Andererseits wollte man jedoch auch die positiven Eigenschaften einer Fahne nutzen.

Lübke erklärte *'Als äußeres Zeichen gemeinsamer Pflichterfüllung im Dienste für Volk und Staat stifte ich für Bataillone und entsprechende Verbände Truppenfahnen in den Farben Schwarz-Rot-Gold mit Bundesadler'*[25] deutlich, warum er sich zu diesem Schritt entschloss. Die erste Fahne[26] erhielt deshalb auch symbolisch das Wachbataillon[27], welches sie aus Anlass des Staatsbesuchs der Königin von England erstmals öffentlich präsentierte. Im selben Jahr erhielten auch alle anderen Großverbände ihre eigene Fahne.

Als Ehrerweisung vor der hinter der Truppenfahne stehenden Person (Staatsoberhaupt) bzw. Organisation (militärische Einheit, Staat oder Staatsvolk) werden bei offiziellen Besuchen, für Patenschaften oder bei Staatstrauer traditionell Fahnenbänder gestiftet. Diese werden am oberen Ende der Fahne befestigt und sind fortan – außer man bekommt das Band entzogen oder will das Geschenk nicht mehr – Teil derselben. Das

---

[20] Vgl. Intranet II
[21] Vgl. Brockhaus (1999b), S. 64
[22] Vgl. Intranet III
[23] Vgl. Intranet II
[24] Vgl. Keßelring (o.D.)
[25] Vgl. Intranet II
[26] Diese ist mittlerweile ausgemustert und befindet sich in den Beständen des Verteidigungsministeriums.
[27] Siehe Kapitel 4 zur weiteren Erläuterung.

erste Band erhielt das Wachbataillon stellvertretend für die Bundeswehr bzw. die Bundesrepublik bei o.g. Staatsbesuch 1965. Bis Ende 1999 kamen noch 75 weitere hinzu…

Die Funktion der Truppenfahne als 'Disziplinierungsinstrument' gilt zwar noch heute – 'Feldzeichenübermittlung' wird mittlerweile jedoch anders gemacht. Stattdessen symbolisieren die Truppenfahnen der Bundeswehr deren Integration in Staat und Gesellschaft. Ferner erinnern sie Soldaten an die Pflicht zum treuen Dienen sowie die Verwurzelung der Armee in der freiheitlich demokratischen Grundordnung. Die Bundeswehr und ihre Einheiten verfügen somit über ein Symbol, das mit den Werten des Staats im Einklang steht, soldatische Tugenden und Traditionen ehrt, die Kameradschaft in den Verbänden und deren Verbundenheit mit dem deutschen Volk symbolisiert.[28] Diese Funktionen werden besonders dann wichtig, wenn das bspw. Wachbataillon zum militärischen Zeremoniell neben der Nationalflagge auch mit der eigenen Truppenfahne antritt. Diese wird dann ebenfalls als offizieller Teil der Bundesrepublik wahrgenommen!

Werte wie 'Stolz' werden jedoch nicht nur durch die Fahne, sondern auch an der Uniform sichtbar. So trugen Soldaten bzw. Krieger zwar immer eine spezielle Kampfkleidung, das heute Bekannte entwickelte sich allerdings erst im 18. Jahrhundert. Vorher trugen nur ausgewählte Soldaten (z.B. Palastwachen) eine einheitliche Uniform. Die Mehrheit hingegen kämpfte in einer bunten, durch Zivilkleidung ergänzten Mischung.[29]

Durch die Einführung von schlichten, einheitlichen Tarn- und Kampfanzügen Anfang des 20. Jhds. reduzierten sich die Besonderheiten einzelner Einheiten und Armeen noch weiter. Tradition und gewachsene Besonderheiten ließen sich fortan noch schwerer erkennen, weil das Aussehen nicht mehr nur von der Historie, sondern insbesondere von den Anforderungen des Schlachtfelds beeinflusst wurde. So hat man heute z.B. auch eine gewisse Mühe in einem multinationalen Korps herauszufinden, wer woher kommt - außer man bedient sich der jeweiligen Nationalflagge als Hilfsmittel. Davon abgesehen, sind sich die Uniformen untereinander jedoch auf Grund o.g. Ausführungen ähnlich.

Die Bundeswehr bildet hier keine Ausnahme. Am Kampf- und Dienstanzug lassen sich, von Abzeichen die die Truppenzugehörigkeit und den Dienstgrad anzeigen, nur sehr schwer gewachsene Traditionen erkennen. Allerdings verfügt die deutsche Armee über das im Folgenden beschriebene 'Wachbataillon', welches sich durch Besonderheiten u.a. auch in Bezug auf die Uniform sowie in Fragen der Traditionspflege auszeichnet.

---

[28] Vgl. Keßelring (o.D.)
[29] Vgl. Intranet VI

4   Das Wachbataillon

,Das Wachbataillon beim Bundesministerium der Verteidigung führt die militärischen Repräsentations-, Wachdienst und Objektschutzaufgaben durch. Im Verteidigungsfall übernimmt es ferner die Sicherung und Verteidigung der Anlagen und Führungseinrichtungen der Bundesregierung.[30] Diese Aufzählung ist inhaltlich zwar richtig, doch gibt sie die Realität nur unzureichend wieder. Das Wachbataillon der Bundeswehr kann zu Recht als 'das' Aushängeschild der Bundesrepublik Deutschland im In- und Ausland bezeichnet werden.[31] So wenden die Soldaten des Wachbataillons das nach außen gerichtete militärische Zeremoniell gekonnt zu Repräsentationszwecken an. Ferner führt das Wachbataillon die militärischen Ehren aus, welche bei Staatsgästen eine sehr wichtige Rolle spielen, wenn es um die Frage nach Anerkennung und Wertschätzung geht.

Doch auch nach innen gerichtet kann das Wachbataillon als Repräsentant gelten. So befolgt man den Traditionserlass der Bundeswehr in Reinform und führt perfekten Gehorsam[32] in der Truppe bis zum Exzess aus. Das Wachbataillon scheint damit zwar das Prinzip der 'Inneren Führung'[33] ad absurdum zu führen. Dies täuscht jedoch, da die Einheit die Würde des einzelnen Soldaten und damit eine wichtige Tradition deutscher Wehrgeschichte auf eine andere Art und Weise zum Ausdruck bringt – durch Stolz.

Das Wachbataillon bildet aus zwei Gründen das Rückgrat des militärischen Zeremoniells der Bundeswehr. Zum einen als Ausführender und zum anderen als Hüter desselben. Um in dieser Rolle ausgezeichnet zu sein, haben alle[34] Soldaten des Wachbataillons drei verschiedene Uniformen im Schrank – für jede Teilstreitkraft eine. Auf diese Weise trägt jeder Soldat die dem Anlass und den besonderen Wünschen der Gäste entsprechende Uniform. Bei Bundespräsident Rau war dies z.B. immer eine Heeresuniform.[35]

Ferner führt das Bataillon zur Erkennung ein Ärmelband mit der Aufschrift 'Wachbataillon' sowie ein entsprechendes Barettabzeichen. Als weitere Besonderheit gegenüber der 'normalen' Truppe werden seit 1959 alle protokollarischen Einsätze – mit Ausnahme der Einsätze im Rahmen von Trauerfeierlichkeiten – im Weißkoppelzeug und mit weißen Handschuhen durchgeführt.

---

[30] Vgl. Intranet I
[31] In Rahmen der Hausarbeit wird nur auf die Repräsentationsaufgaben des Wachbataillons eingegangen.
[32] Man denke hier z.B. an eine gleiche Bewegung von hundert Soldaten auf ein einziges Kommando.
[33] Diesem Konzept liegt der so genannte 'Staatsbürger in Uniform', der mitdenkende Soldat, zu Grunde.
[34] Bis auf den Bataillonskommandeur und seinen Stellvertreter.
[35] Vgl. Intranet IX

4.1 Geschichte

Direkte Vorläufer des Wachbataillons sind die von Preußen aufgestellten 'Erstes Garderegiment zu Fuß' sowie 'Erstes Bataillon des Infanterieregiments 9'. Diese sollten ab 1673 die 'Pflege militärischer Formen im Feld und in der Öffentlichkeit' übernehmen.[36] Auf diese Tradition berief man sich nach Ende des zweiten Weltkriegs und der Aufstellung der Bundeswehr im Jahr 1955. Zwar ist seit den Tagen der beiden Regimenter viel passiert, als Motto des Wachbataillons wurde indes der Leitspruch des Ersten Garderegiments, das lateinische 'semper talis'. 'Immer vortrefflich', übernommen.

Die Gründung des Wachbataillons geht auf einen Wunsch Konrad Adenauers zurück. Da ihm offenbar der Umstand, dass Deutschland bis 1957 'nur' von einer Kompanie des Bundesgrenzschutz' repräsentiert wurde nicht gefiel, wurde die Bundeswehr beauftragt, ein 'Bataillon zur Formung eines eigenen militärischen Gesichts' aufzustellen. Die dann 'Wachbataillon' genannte Einheit – sie bestand anfangs hauptsächlich aus übernommenen BGS-Unteroffizieren[37] – stationierte man wegen der benötigten Nähe zur damaligen Bundeshauptstadt Bonn in Siegburg, Bergisch-Gladbach und Rheinbach.

Nach mehreren eigenen Umzügen und der Wiedervereinigung wuchs das Wachbataillon personell auf. Durch den Umzug der Bundesregierung und des Bundespräsidenten von Bonn nach Berlin ist das Wachbataillon mittlerweile fast komplett in der Berliner Julius-Leber-Kaserne stationiert; lediglich ein kleiner Teil verbleibt zur Wahrnehmung militärischer Aufgaben im Bonner Teil des Verteidigungsministeriums in Siegburg.[38]

4.2 Aufbau & Ausbildung

Das Wachbataillon als Teil des Organisationsbereichs Streitkräftebasis ist dem Standortkommando Berlin unterstellt und mit einer Stärke von rund 1500 Mann[39] heute das größte Bataillon der Bundeswehr. Seine Einheiten sind auf zwei Standorte – Berlin und Siegburg bei Bonn – verteilt. Das Wachbataillon gliedert sich wie folgt: der Bataillonsstab, eine Stabs- und Versorgungskompanie, vier Wachkompanien des Heeres und je eine Marine- und eine Luftwaffensicherungskompanie. Damit vereinigt es alle Teilstreitkräfte unter einem Kommando. Eine Besonderheit ist darüber hinaus das 'Drill-

---

[36] Vgl. Gottmann (2003)
[37] Vgl. Intranet VII
[38] ebenda
[39] Die Stärke schwankte über die Jahre. Ferner weichen die – auch militärischen! – Quellen regelmäßig voneinander ab. Darüber hinaus wird aus Geheimhaltungsgründen ohnehin keine genaue Zahl genannt.

Team', über das jede Kompanie verfügt. Es tritt vor allem bei Militärmusikfesten und Wettkämpfen auf. Um hier hineinzukommen, muss man zu den besten Soldaten innerhalb der Kompanie gehören, denn deren Repertoire geht weit über das Normale hinaus.

Seit 1961 sind regelmäßig mindestens vier Fünftel der Angehörigen des Wachbataillons speziell ausgewählte Grundwehrdienstleistende aus dem gesamten Bundesgebiet.[40] Die Entscheidung fällt, wenn diese nicht nur bestimmte körperliche Voraussetzungen erfüllen, sondern auch persönlich geeignet sind. So muss die Körpergröße zwischen 1,78m und 1,95m[41] betragen, man darf keine Brille, keinen Bart, keine Allergien und auch kein Übergewicht haben. Außerdem muss man bei der Musterung den Tauglichkeitsgrad eins (volle körperliche Leistungsfähigkeit) zugesprochen bekommen. Darüber hinaus müssen die Männer charakterliche Integrität, Kameradschaft und Leistungswillen zeigen.[42]

Der zeremonielle Dienst in der Bundeswehr wird seit dem 01.07.1965 im Traditionserlass festgeschrieben. Heute sind dessen Vorschriften zusätzlich auch in der Zentralen Dienstvorschrift (Zdv) Nr. 10/8 und Nr. 10/9 zusammengefasst. Neben diesen ist die so genannte 'Semper Talis' des Wachbataillons die Richtschnur. Diese Vorschrift – mit gleichem Namen wie das Bataillonsmotto – besteht seit 1996 aus zwei Bänden. (1) Die 'Semper' mit über 800 Punkten, die sich neben Geschichtlichem auch mit Aufgaben und Anforderungen an die Soldaten befasst. Außerdem regelt sie u.a. Kleiderfragen sowie die Karabiner[43]-Handhabung. (2) In der 'Talis' dagegen sind alle Einsatzformen (Ehrenposten, Großer Zapfenstreich usw.) sowie deren Ausführung genau beschrieben.[44]

Im Vergleich mit 'normalen' Wehrpflichtigen unterscheiden sich Ausbildung und Tagesablauf der Wachbataillonsangehörigen wesentlich. Letztere absolvieren zwar auch die ersten vier Wochen der allgemeinen Grundausbildung, danach stehen jedoch Protokolleinsätze im Vordergrund.[45] Dies führt einerseits dazu, dass der Soldat nach drei Monaten 'protokollfertig' ist, andererseits müssen bisher vernachlässigte, allgemeinmilitärische Inhalte nachgeholt werden. Am Ende der Ausbildung ist dann allerdings jeder Soldat in der Lage, beim Flaggenkommando, als Ehrenwache, im Ehrenspalier, in der Ehrenkompanie oder dem Ehrenbataillon sowie beim Großen Zapfenstreich das 'Richtige' zu tun. Was bei öffentlichen Auftritten einfach aussieht, ist somit Teil einer monate-

---

[40] Vgl. Intranet VII
[41] Vgl. Internet III
[42] Vgl. Gottmann (2003)
[43] Ein besonderes Gewehr, welches für das militärische Zeremoniell zu Schauzwecken verwendet wird.
[44] Vgl. Rusch (2003a)
[45] Vgl. Gottmann (2003)

langen Ausbildung. Zusammenfassend lässt sich sagen, dass mindestens zwei Drittel der Dienstzeit protokollarischer Ehrendienst (Ausbildung und Protokolleinsätze) sind.

4.3 Unterstützung durch Protokoll-Stab und Stabsmusikkorps

Fragt man nach der inhaltlichen Verantwortung für das Wachbataillon gibt es nur eine Antwort – das Bundesministerium der Verteidigung. Das Wachbataillon und das militärische Protokoll bzw. Zeremoniell sind somit an höchster Stelle angesiedelt. Demzufolge gibt es im Ministerium auch einen dem Minister direkt unterstellten Protokoll-Stab. Diese rund zehn bis 15köpfige Gruppe organisiert die Einsätze des Wachbataillons z.T. mit bzw. berät bei Fragen des militärischen Protokolls. Das Verteidigungsressort übernimmt damit eine wichtige Funktion auch für andere Ministerien. Damit wird auch der Bundesinnenminister, der für die Aufgaben des Protokolls Inland zuständig ist, ebenso wie der Bundesaußenminister, der das Protokoll Ausland unter sich hat, unterstützt.

Neben der strategischen Unterstützung des Verteidigungsministeriums wird das Wachbataillon praktisch durch das Stabsmusikkorps der Bundeswehr unterstützt. Dies ist jedoch nicht verwunderlich, da beide Einheiten Protokoll-Einsätze gemeinsam erfolgreich bestreiten müssen. Praktisch sieht dies so aus, dass man die Einsätze im Vorfeld zusammen einübt und dann mit Feldjägerbegleitung gemeinsam zu den Einsatzorten fährt.

Das Musikkorps wurde, wie auch das Wachbataillon selbst 1955 in Siegburg gegründet. Bedingt durch deutsche Einheit und Regierungsumzug wurde 1994 das 'Heeresmusikkorps 400' von Potsdam nach Berlin verlegt. Dieses nannte sich dann 'und Stabsmusikkorps Berlin'. 2000 wurde es in 'Stabsmusikkorps' umbenannt. Heute verfügt es über einen Spielmannzug, ein Blechbläserquartett, eine Tanzbesetzung und eine Swingband.

Da die Einsätze für den Bundespräsidenten, den Bundeskanzler oder den Bundesverteidigungsminister stets vor besonders ausgewähltem Publikum stattfinden, muss auch die Ausbildung der über 100 Musiker hervorragend sein. Von diesen sind deshalb über 50% längerdienende Feldwebel mit einer mindestens dreieinhalbjährigen Musikausbildung.[46] Lediglich der Spielmannszug des Stabsmusikkorps setzt Grundwehrdienstleistende an Trommeln und Pfeifen[47] ein. Allerdings sind auch diese handverlesen. Das Verteidigungsministerium achtet sehr darauf, dass niemand ohne solide Kenntnisse und viel Übung bei militärischen Zeremoniellen und Protokoll-Einsätzen mitwirkt.

---

[46] Vgl. Intranet IX
[47] Diese stellen allerdings einen wichtigen Teil des 'Großen Zapfenstreichs' dar.

5   Militärische Ehren

Wie erwähnt wendet sich militärisches Zeremoniell[48] sowohl nach innen als auch außen. Innen stattfindende Rituale sind von symbolisierter Disziplin und dem Leben in der Gemeinschaft geprägt; nach außen (an die Öffentlichkeit) gerichtete von Repräsentation und Wertschätzung. Dies äußert sich am deutlichsten bei den militärischen Ehren[49].

Ursprünglich nur dem jeweiligen Landesherrn zuteil geworden, dehnte man die militärische Ehrerweisung später auch auf ausländische Besucher aus. Dies führte im Gegenzug zum gleichen. Was heute erklärt, warum hohe politische und militärische Vertreter sowohl im als auch außerhalb des eigenen Staats (stellvertretend) geehrt werden.

Dabei ist das militärische Zeremoniell (nur ein) Gradmesser des Respekts und der Achtung, die das Gastgeberland dem Besuch bei offiziellen Anlässen und Einladungen[50] zollt. Grundsätzlich gilt, je mehr Personal gestellt und Aufwand betrieben wird, desto wichtiger ist man. Analog gilt dies im Inland. Wobei ranggleiche 'Ausländer' als Zeichen eigener Bescheidenheit stets eine Stufte besser behandelt werden als 'Inländer'.

Doch wer ist nun 'Ehr-berechtigt'? Bei ausländischen Gästen die die Bundesrepublik besuchen ist es immer der Staats- und Regierungschef, der Verteidigungsminister und die Staatssekretäre im Verteidigungsressort und allgemein der Oberbefehlshaber der Streitkräfte sowie die legitimierten Vertreter. Dies kann sogar 'nur' ein Botschafter sein.

Allerdings sind auch Inländer im Inland berechtigt, bei Truppenbesuchen militärische Ehren zu erhalten. Dies gilt für den Bundespräsidenten, den Bundeskanzler, den Verteidigungsminister und die Staatssekretäre im Verteidigungsressort, den Generalinspekteur und die Inspekteure der fünf Teilstreitkräfte bzw. Organisationsbereiche.

Neben der Ehrerweisung gegenüber der Person sollen jedoch auch die Streitkräfte vorgezeigt und wertgeschätzt werden. Eine Regierung verdeutlicht damit nach außen (für Gast und Medien sichtbar), wie wichtig ihr ihre Streitkräfte sind. Dies spielt dann eine große Rolle, wenn das öffentliche Interesse z.B. während eines Staatsbesuchs hoch ist.

Darüber hinaus muss erwähnt werden, dass militärische Ehren früher wie heute auch Friedensgesten (!) waren. So bedeutet Salutschießen, die Magazine sind leer. Wohingegen das Abschreiten der Front verdeutlicht, dass die Gewehre gar nicht geladen wurden.

---

[48] Abbildungen 8 - 10 im Anhang befassen sich mit militärischen Ehren.
[49] Vgl. Hartmann (2000), S. 216ff. – Die folgenden Ausführungen beziehen sich insbesondere darauf.
[50] Ein privater Urlaub ohne Arbeitstermine - bspw. des Bundeskanzlers in Italien - zählt nicht dazu.

5.1 Ehrenformation in Bataillon-/ oder Kompaniestärke

Die höchste militärische Ehrung die Besuchern – nicht einmal der Bundespräsident erhält sie – zuteil werden kann, ist die Ehrenformation in Bataillonsstärke. Sie wird gesondert im Besuchsprogramm anberaumt und ist meist Gegenstand eines Besuchs.

Deren Ablauf muss man sich wie folgt vorstellen: Zu Beginn der Ehrung marschiert die Ehrenformation ein. Anfangs der Spielmannszug und das Musikkorps, dann die Fahnenabordnung, eine Kompanie[51] des Heeres, dann eine der Marine und zuletzt eine der Luftwaffe. Nun trifft der Besucher offiziell ein und Gast und Gastgeber stellen sich für das Zeremoniell mit Blick zur Truppe auf ein flaches Podest. (s. Abb. 8 im Anhang)

Dann präsentiert die Formation, das Musikkorps spielt die Gast- dann die eigene Hymne und es folgt die Meldung 'Augen rechts'. An den Gast gewandt '[Frau/Herr Name], die Ehrenformation der Bundeswehr zu Ihrem Empfang angetreten'. Nun spielt das Musikkorps den Präsentiermarsch, Gast und Gastgeber (letzterer leicht rechts dahinter) schreiten über den roten Teppich an der Front vorbei. Am Ende des Abschreitens wird vor der Fahnenabordnung angehalten und der Gast grüßt die Fahne. Der Abschluss des Zeremoniells erfolgt durch die offizielle Abmeldung des Führers der Ehrenformation

Demgegenüber nimmt sich die Ehrenformation in Kompaniestärke fast klein aus. Sie gilt für ausländische Gäste unterhalb des Rangs eines Staatsoberhaupts. Ferner erhält der Bundespräsident diese, wenn er auf Truppenbesuch geht. Abgesehen von zwei fehlenden Kompanien sind die Zusammensetzung und der Ablauf mit o.g. identisch.

Eine Besonderheit stellen jedoch eine Kranzniederlegung an Gedenktagen sowie ein (Staats-)Begräbnis dar.[52] Bei beiden findet das Zeremoniell ebenfalls Anwendung. Man denke hier nur an den Tag der Deutschen Einheit oder die Ehrung von in Afghanistan verunglückten Kameraden.[53] Im letzten Fall wird in das Zeremoniell auch die Melodie 'Ich hatt' einen Kameraden' bzw. das 'Lied vom guten Kameraden' eingebaut.

Obwohl es pietätlos erscheinen mag, auch in dieser Angelegenheit ist die Wirkung des Zeremoniells nach innen und außen von größter Wichtigkeit. In beiden Fällen wird Anlass und Personen in symbolischer Form die höchste staatliche Aufmerksamkeit zuteil.

---

[51] Jeweils in der Stärke von vier Offizieren, neun Unteroffiziere und 81 Mannschaftsdienstgraden.
[52] Auf diese wird hier nur kurz eingegangen weil beide anlassbezogen, immer jedoch sehr unterschiedlich gehandhabt werden. So haben Angehörige bei Verstorbenen z.B. ein relativ großes Mitspracherecht.
[53] Vgl. Hager (2002)

5.2 Ehrenzug und Ehrenspalier

Der Ehrenzug hingegen wird nur für Inländer angewandt. Dies sind der Bundeskanzler und alle im Rang unter ihm befindlichen inländischen Berechtigten. Sie erhalten ein dem o.g. ähnliches Zeremoniell. Allerdings nur in Stärke eines Zugs[54] plus Trommler. Trotzdem wird der Ehrenzug dem Gast gemeldet bzw. wieder abgemeldet

Das Ehrenspalier wird nur für Sonderanlässe wie z.B. eine Gangway-Wache auf dem Rollfeld bei Ankunft und Abflug ausländischer Gäste aufgestellt. (s. Abb. 9 im Anhang) Hier tritt die Formation in einer noch kleineren Stärke an. Normalerweise nur ein Offizier, ein Unteroffizier und sechs Mannschaftsdienstgrade. Lediglich ausländische Staatsoberhäupter erhalten statt sechs sechzehn Mannschaften. So entsteht der Eindruck einer Doppelreihe (Spalier), wovon auch der Name der Formation stammt.

In manchen Fällen kommt es dabei auch zur o.g. Friedensgeste des Salutschießens. Hierzu werden max. 21 Schüsse in möglichst unbewohntes Gelände (Meer, Flugplatz) abgefeuert. Der erste Schuss wenn der Gast die Gangway betritt und alle fünf Sekunden ein weiterer. Erst nach dem letzten sollte der Gast die Stufen nach unten nehmen.

5.3 Ehrenposten, Ehrenwache und Ehrenhof

Nach Bedarf (Förmlichkeit) bekommen offizielle Gäste am Eingang eines besonderen Gebäudes einen Ehrenposten mit einem Unteroffizier und zwei Mannschaften gestellt.

Die Ehrenwache hingegen befindet sich am Amtssitz des Staatsoberhaupts. Sie ist deshalb mit Schloss- oder Leibwachen früherer Zeiten vergleichbar. In Deutschland für diese Aufgabe ist eigentlich der Bundesgrenzschutz zuständig.[55] In Ausnahmefällen kann dies aber auch das Wachbataillon. Darüber hinaus bekommen ausländische Staatsoberhäupter für die Aufenthaltsdauer vor ihrer 'Residenz' eine militärische Wache.[56]

Für den Ehrenhof gilt derselbe Ablauf wie für die Ehrenformation. Der einzige Unterschied ist jedoch, dass der Ehrenhof tatsächlich auch immer im Hof stattfindet – nämlich mehrere Dutzend Mal jährlich vor dem Bundeskanzleramt in Berlin-Mitte. (s. Abb. 10 in Anhang) Dies steht ganz im Unterschied zum folgenden militärischen Zeremoniell, welches maximal zweimal jährlich am gleichen Ort aufgeführt werden darf...

---

[54] In der Stärke von einem Offizier, drei Unteroffizieren und 27 Mannschaften. Der Zug ist bis auf maximal 48 Mannschaften dehnbar.

[55] Im Vatikan übernimmt diese Aufgabe bspw. die 'Schweizer Garde'.

[56] In der Stärke von einem Offizier, zwei Unteroffizieren und 16 Mannschaften.

6   Großer Zapfenstreich

Der große Zapfenstreich ist eine militärmusikalische Veranstaltung der deutschen Armee. In der Bundeswehr ist er neben dem feierlichen Gelöbnis das bedeutendste (meist nach innen gerichtete) militärische Zeremoniell. Seit seiner Entstehung ist er nahezu unverändert geblieben und bestimmte Musikstücke dürfen nur hier gespielt werden.

Anlass für die 'Aufführung' eines Großen Zapfenstreichs ist meist der Abschluss eines militärischen Manövers oder die Verabschiedung von höchsten militärischen Führungspersonen.[57] Auch die Ehrung besonderer Ereignisse (z.B. Truppenabzug der Westalliierten aus Berlin[58]) bzw. die Verabschiedung höchster politischer Würdenträger (z.B. Bundespräsident) kann einen Großen Zapfenstreich – mit internationalen Gästen – erlauben.

Ursprünglich[59] war mit 'Zapfenstreich' die symbolische Handlung des Profos[60] (s.u.) gemeint. Dann nannte man ein einzelnes Musikstück, mit dem Soldaten am Abend zur Nachtruhe gerufen wurden Zapfenstreich. Heute bezeichnet man das Ende der Ausgehzeit der Soldaten als Zapfenstreich. Unter 'Großer Zapfenstreich' versteht man hingegen ein ehrenvolles Zeremoniell, das mit dem Aufmarsch einer militärischen Einheit auf einen Platz beginnt, durch Musik untermalt wird und mit deren Abmarsch wieder endet.

Während des Großen Zapfenstreichs ist von den ausführenden Soldaten, in der Regel Angehörige des Wachbataillons, ein Höchstmaß an Körperbeherrschung gefordert. Dabei wird auf jede individuelle Äußerung verzichtet. Auch Zugaben und Variationen des traditionellen Ablaufs sind nicht erlaubt. Unter anderem deshalb gibt es zeitweise Kritik an der öffentlichen Aufführung dieses militärischen Zeremoniells. So treten währenddessen oft Störer auf, die Werte und Tradition der Bundeswehr lauthals anprangern.[61]

Für die preußische Armee und die späteren deutschen Streitkräfte ist der Große Zapfenstreich von Anfang an ein großes und feierliches militärisches Zeremoniell gewesen. Daran hat sich bis heute trotz der wechselvollen deutschen Geschichte nichts geändert. Die Aufführung des Großen Zapfenstreichs nur zu den höchsten protokollarischen und militärischen Anlässen entspricht der traditionellen Bedeutung dieses Zeremoniells. Der Große Zapfenstreich ist somit auch Teil der Traditionspflege der Bundeswehr.

---

[57] Ehrenvolle Entlassung von Drei- und Vier-Sterne-Generalen in den Ruhestand. Vgl. Intranet IV
[58] Vgl. Intranet IIX
[59] Erste Erwähnung im Jahr 1596. Vgl. Bundesministerium der Verteidigung (1998), S.3
[60] Vorgesetzter Militärpolizist
[61] Deutlich war dies beim Großen Zapfenstreich anlässlich des 40jährigen Bestehens der Bundeswehr im Bonner Hofgarten. Die räumliche Nähe zur Universität Bonn tat ihr übriges ... Vgl. Steuten (1999), S.8ff.

6.1 Geschichte

Bei den Landsknechten war es üblich, zu einer bestimmten Uhrzeit in den Feldlagern Nachtruhe herzustellen und deren Beginn zu verkünden. Den Beginn gab der Profos, der dabei häufig von Musikanten begleitet wurde, bekannt. So zog er zu den Klängen eines 'Spils' (Pfeifer, Trommler) durch die Wirtshäuser und befahl mit einem Streich über oder Schlag auf den Zapfen des Fasses das sofortige Ende des Ausschanks. Der Wirt durfte ab dann nichts mehr verkaufen und die Landsknechte mussten zurück zum Lager.

Aus dieser Tradition entwickelten sich im 17. Jhd. unterschiedlichste Signale als Nachtruhebefehl. Bei der Kavallerie spielten diese Trompeter (die 'Retraite'), bei den Fußtruppen Pfeifer und Trommler; bei der Artillerie konnte es auch ein einzelner Schuss sein. Der Brauch des richtigen Zapfenstreichs hat sich bis ins 20. Jhd gehalten.

Neben der Rolle im Truppenalltag bekam der Vorgang im Lauf der Zeit auch eine zeremonielle Bedeutung. Auf deutschem Boden geschah dies zunächst im Königreich Preußen, wo dem Zapfenstreich seit 1813 ein Abendlied folgt. Die für die Entwicklung des Zapfenstreichs als militärisches Zeremoniell wichtige Anweisung König Friedrich Wilhelm's III an Generalleutnant Graf Tauentzien vom 10.08.1813 lautete:

'Da bei allen Armeen der jetzt mit uns verbündeten Mächte, [...] der Brauch stattfindet, des morgens nach beendetem Zapfenstreich ein Gebet zu verreichten, und es mein Wille ist, dass meine Truppen [...] keinen anderen nachstehen sollen, [...] befehle ich hiermit: Dass die Wachen von jetzt an, wenn ein Reveille oder Zapfenstreich geschlagen wird, ins Gebet treten sodann das Gewehr präsentieren, wiederum schultern und abnehmen, hierauf den Czako usw. mit der Linken abnehmen und, ihn mit beiden Händen vor dem Gesicht haltend, ein stilles Gebet, etwa ein Vaterunser lang, verreichten sollen. Die Mannschaft nimmt mit dem kommandierenden Offizier, Unteroffizier usw. zugleich den Czako ab und setzt ihn ebenso wieder auf. In den Feldlagern sollen die vor den Fahnen usw. versammelten Trompeter oder Hoboisten gleich nach beendigtem Zapfenstreich ein kurzes Abendlied blase, nach welchem die vordem ohne Gewehr in Jacken und Mänteln herangetretenen Eskadronen oder Kompanien zugleich mit Waffen das Haupt zum gebet entblößen, nach dessen Ende ein Signal mit der Trompete oder Trommel die Wachen aus dem Gewehr treten und die Kompanien usw. auseinander gehen.' [62]

---

[62] Vgl. Intranet V

Mit diesem Erlass wurde der alte Brauch in den Ablauf genommen und das Ganze offiziell als militärisches Zeremoniell definiert. In der Folgezeit wurde dieses dann häufiger auch in der Öffentlichkeit aufgeführt und als feierlicher Abschluss in repräsentative militärische Abendkonzerte einbezogen. Der 'Durchbruch' kam als Wilhelm Wieprecht, seit 1838 'Direktor sämtlicher Musikchöre des Königlich Preußischen Garde-Corps', das Musikstück des 'Großen Zapfenstreich' komponierte. Dieses wurde am 12. Mai 1838 in Berlin als Abschluss eines Konzerts zu Ehren Zar Nikolaus I uraufgeführt.

6.2 Ablauf

Mit diesem Konzert erzielte Wieprecht einen solchen Erfolg, dass die Partitur wenig später publiziert wurde. Diese ist bis heute Grundlage für die Aufführung des Zeremoniells. Dabei wird der Große Zapfenstreich[63] musikalisch von einem Musikkorps und einem Spielmannszug ausgeführt. Beide werden von zwei bewaffneten (Karabiner) Zügen des Wachbataillons sowie Fackelträgern begleitet.[64] Der Aufmarsch wird meist vom Kommandeur des Wachbataillons geführt; die Musik durch Chef des Musikkorps.

Der Große Zapfenstreich marschiert zu den Klängen des 'Yorckschen Marschs' (Erinnerung an 1813/14) ein. Nachdem sich die Formation ordentlich aufgestellt hat, wird der zu ehrenden Person bzw. der Vertretungsperson (z.B. ein Staatspräsident) die Ankunft gemeldet. Daran schließt sich eine Serenade aus üblicherweise drei (ggf. gewünschten) Musikstücken an. Anschließend folgt der eigentliche Große Zapfenstreich.

Dieser[65] steht in der Tradition des 'Locken – Zapfenstreich – Gebet'. Dem 'Locken zum Zapfenstreich' (Spielleute) folgt der Zapfenstreichmarsch (Spielleute, Musikkorps) sowie Reveille- und Retraitsignale, die drei 'Posten des traditionellen Zapfenstreichs der berittenen Truppen' (Musikkorps). Es folgten das 'Zeichen zum Gebet', das 'Gebet'[66] als Friedensforderung mit 'Abschlagen nach dem Gebet' und der 'Ruf nach dem Gebet'.

Hinzu kommt, dass es ab 1871 üblich wurde, innerhalb des Großen Zapfenstreichs die Kaiserhymne zu spielen. Die Einführung der deutschen Nationalhymne als Abschluss des Zeremoniells erfolgte dann 1922. Man kann dies als Symbol verstehen, wem die Soldaten zum treuem Dienst und Tapferkeit verpflichtet sind – dem deutschen Volk.

---

[63] Teilnehmer: Das Wachbataillon stellt mind. 278 Soldaten aller Dienstgrade plus Ersatz. Hinzu kommen die Soldaten des Stabsmusikkorps für den Spielmannszug und das Musikkorps. Vgl. Internet II
[64] Sehr eindruckvoll kann man dies auf den Abbildungen 11 und 12 im Anhang sehen.
[65] Vgl. Bundesministerium der Verteidigung (1998)
[66] Für das angedeutete Gebet wird der auf Hochglanz polierte Stahlhelm auf Kommando abgenommen bzw. wieder aufgesetzt. Dies sieht mit den weißen Handschuhen des Wachbataillons besonders gut aus.

7   Fazit

Diese Verpflichtung spiegelt exemplarisch die mittlerweile höchst demokratische Verwurzelung des militärischen Zeremoniells sowie der Bundeswehr allgemein wieder. Wie man in der Hausarbeit gesehen hat, stellen die nach innen wie außen gerichteten Zeremonielle zwar auch die Tradition und Werte einer einzelnen Armee dar, das heute wesentlichere Ausübungsmotiv scheint jedoch die Symbolisierung des abstrakten Staats und die Motivation seiner Truppen zu sein. In Erstgenanntem stellt sich der 'Staat' sicht- und greifbar dar. Dies gilt insbesondere durch die verwendeten und eingangs beschriebenen staatlichen Symbole. Letztgenanntes zielt hingegen nach innen. Die Soldaten werden durch militärische Zeremonielle an die Disziplin und ihre Pflicht 'erinnert'.

Darüber hinaus entfesselt das militärische Zeremoniell einen 'Werbeeffekt' zugunsten der Streitkräfte und verfügt über die Kraft, die Kampfbereitschaft der Truppe ohne Verluste darzustellen. Dieser Umstand kommt besonders zum Tragen wenn, wie in der Hausarbeit maßgeblich behandelt, ausländischer Besuch zu Gast in der Bundesrepublik ist. Diesem wird mit Hilfe des ihm zugedachten militärischen Zeremoniells bildlich die Macht der Streitkräfte vorgeführt. Darüber hinaus symbolisieren die staatlichen Gesten als Teil der diplomatischen Zeichensprache den Respekt und die Anerkennung, die einem bestimmten ausländischen Gast ganz offiziell zuteil werden sollen. Das militärische Zeremoniell ist deshalb in Deutschland und international essentiell wichtig.

Doch nicht hölzerne Anweisungen und Verordnungen (z.B. der Traditionserlass), sondern hochmotivierte militärische Einheiten wie das Wachbataillon und das Stabsmusikkorps lassen den Staat symbolisch in Erscheinung treten. Diese sind es neben anderen Akteuren letztlich, die Deutschlands staatliche Souveränität mit Stolz und Würde demonstrieren. Dies wird beim eher nach innen gerichteten Gelöbnis und Großen Zapfenstreich ebenso deutlich, wie wenn für ausländische Gäste militärische Ehren abgehalten werden. Dabei ist es grundsätzlich jedoch egal, ob man als zu Ehrender eine Ehrenformation in Bataillonsstärke oder eine Ehrenwache erhält. Beide Erscheinungsformen des militärischen Zeremoniells würdigen den Gast und verleihen der Bundesrepublik Deutschland ein (menschliches) Gesicht. Man kann somit trotz zahlreicher Kritik wohl mit Recht schlussfolgern, das militärische Zeremoniell ist für den Staat in seiner Außenwirkung unverzichtbar und wird auch weiterhin erhalten bleiben.

Anhang

Quellenverzeichnis

Gedruckte Literatur

Bolewski (o.D.): Bolewski, W., *Modernes Protokoll*, Auswärtiges Amt, Berlin o.D.

Brockhaus (1999a): Brockhaus, *Brockhaus - Die Enzyklopädie in 24 Bänden*, Band 6, DUD – EV, F.A.Brockhaus, Leipzig 1999

Brockhaus (1999b): Brockhaus, *Brockhaus - Die Enzyklopädie in 24 Bänden*, Band 7, EW – FRIS, F.A.Brockhaus, Leipzig 1999

Brockhaus (1999c): Brockhaus, *Brockhaus - Die Enzyklopädie in 24 Bänden*, Band 8, FRIT – GOTI, F.A.Brockhaus, Leipzig 1999

Brockhaus (1999d): Brockhaus, *Brockhaus - Die Enzyklopädie in 24 Bänden*, Band 24, WELI – ZZ, F.A.Brockhaus, Leipzig 1999

Bundesministerium der Verteidigung (1998): Bundesministerium der Verteidigung (Hrsg.), *Der große Zapfenstreich*, Bundesministerium der Verteidigung, Bonn 1998

Bundesministerium der Verteidigung (1999): Bundesministerium der Verteidigung (Hrsg.), *Innere Führung – Der Soldat in der Demokratie*, Bundesministerium der Verteidigung, Berlin 1999

Hartmann (2000): Hartmann, J., *Staatszeremoniell*, Heymanns Verlag, Köln 2000

Lange (2002): Lange, S., *Der Fahneneid – Die Geschichte der Schwurverpflichtung im deutschen Militär*, Band 19, Edition Temmen, Bremen 2002

IP-Stab (1998): Presse- und Informationsstab des Bundesministeriums der Verteidigung, *Der Große Zapfensteich*, Verteidigungsministerium, Bonn 1998

Prieß (1995): Prieß, H., *Traditionspflege in der Bundeswehr*, In: Was uns betrifft, Heft 1, o.O. 1995

Steuten (1999): Steuten, U., *Der Große Zapfenstreich – Soziologische Analyse eines umstrittenen Rituals*, In: Duisburger Beiträge zur soziologischen Forschung, Heft 02/1999, eigen, Duisburg 1999

Wetzel (2001): Wetzel, A., *Eid und Gelöbnis im demokratischen, weltanschaulich neutralen Staat*, Diss., Schriften zur Rechtswissenschaft - Band 7, Wissenschaftlicher Verlag, Berlin 2001

Literatur I: N.N., Wachbataillon in: *Militärisches Zeremoniell – Heute noch zeitgemäß?*, Bonn, k.A.

Literatur II: N.N., *Symbole und Zeremonielle in deutschen Streitkräften*, Band 3, 1. Auflage, S. 23ff. Herford Verlag, Bonn 1984

Internetquellen

Gottmann (2003): Gottmann, O., *Das Drill-Team der 5. Kompanie des Wachbataillons beim Bundesministerium der Verteidigung – 'Griffe kloppen' für die Galerie*, www.streitkraeftebasis.de. o.O. Internet [08.03.2005]:
http://www.streitkraeftebasis.de/C1256C290043532F/vwContentFrame/4886018B07C1D321C1256EA1004A9F89

Rusch (2003a): Rusch, D., *semper talis – Immer gleich*. www.streitkraeftebasis.de. o.O. Internet [08.03.2005]:
http://www.streitkraeftebasis.de/C1256C290043532F/vwContentFrame/612E7C72ED5C77AFC1256E05004CDD76

Rusch (2003b): Rusch, D., *Wachbataillon - Geschichte*. www.streitkraeftebasis.de. o.O. Internet [08.03.2005]:
http://www.streitkraeftebasis.de/C1256C290043532F/vwContentFrame/612E7C72ED5C77AFC1256E05004CDD76

Internet I: N.N., *Anordnung über die deutschen Flaggen – Bundesgesetzblatt 1996, Teil I, Seite 1729*, www.bund.de. o.D. / o.O. Internet [31.03.2005]:
http://www.bund.de/nn_57846/Microsites/Protokoll/Staatliche-Symbole/Bundesflagge/Anordnung-ueber-die-deutschen-Flaggen/Anordnung-ueber-die-deutschen-Flaggen-knoten.html__nnn=true

Internet II: N.N., *Teilnehmer am Großen Zapfenstreich,*. www.streitkraeftebasis.de. o.D. / o.O. Internet [11.03.2005]:
http://www.streitkraeftebasis.de/C1256C290043532F/vwContentFrame/612E7C72ED5C77AFC1256E05004CDD76

Internet III: N.N., *Wachbataillon*, www.bmvg.de, Berlin 2004 Internet [08.03.2005]:
http://www.bmvg.de/c1256f1200608b1b/print/n264wqx2165mmisde

Internet IV: N.N., *Repräsentation und Integration - Nationalhymne*, www.bundespraesident.de. o.D. / o.O. Internet [31.03.2005]: http://www.bundespraesident.de/Amt-und-Funktion/Wirken-im-Inland-,11046/Repraesentation-und-Integratio.htm

Internet V: N.N., *Bundesflagge*, www.bund.de. o.D. / o.O. Internet [31.03.2005]:
http://www.bund.de/nn_58892/Microsites/Protokoll/Staatliche-Symbole/Bundesflagge/Bundesflagge-knoten.html__nnn=true

Internet VI: N.N., *Das Eiserne Kreuz im Wandel der Zeit*, www.bmvg.de. o.D. / o.O. Internet [11.03.2005]:
http://www.bmvg.de/C1256F1200608B1B/CurrentBaseLink/W266MJT7366INFODE

Internet VII: N.N., *Protokoll Inland der Bundesregierung – Angelegenheiten staatlicher und nationaler Repräsentation*, www.bund.de. o.D. / o.O. Internet [31.03.2005]:
http://www.bund.de/nn_174948/DE/BuB/A-Z/P-wie-Partnerschaft/Protokoll/Protokoll-knoten.html__nnn=true

Intranet der Bundeswehr

Hager (2002): Hager, H, *Militärische Ehren für in Afghanistan tödlich verunglückte Soldaten.* Bonn: Intr@net aktuell. o.D. Intranet der Bundeswehr [11.03.2005]

Keßelring (o.D.): Keßelring, A., *Truppenfahnen für die Bundeswehr,* Bonn: Intr@net aktuell. o.D. Intranet der Bundeswehr [11.03.2005]

Intranet I: N.N., *Bundeswehr feiert 'Zehn Jahre Armee der Einheit' mit Großem Zapfenstreich.* Bonn, 2000: Intr@net aktuell. Intranet der Bundeswehr [11.03.2005]

Intranet II: N.N., *Ein Symbol der Freiheit – Vor 35 Jahren erstmals ein Auftritt des Wachbataillon mit Truppenfahne.* Bonn, 2000: Intr@net aktuell. Intranet der Bundeswehr [11.03.2005]

Intranet III: N.N., *Blick in die Vergangenheit – Ein neuer Dienstgrad für die Armee.* Bonn, 2001: Intr@net aktuell. Intranet der Bundeswehr [11.03.2005]

Intranet IV: N.N., *I did it my way – Generalleutnant Willmann verabschiedet.* Bonn, 2001: Intr@net aktuell. Intranet der Bundeswehr [11.03.2005]

Intranet V: N.N., *Der Große Zapfenstreich.* Bonn, 2002: Intr@net aktuell. Intranet der Bundeswehr [11.03.2005]

Intranet VI: N.N., *Kein Kleid wie jedes andere – die Geschichte der Uniformierung des Soldaten.* Bonn, 2002: Intr@net aktuell. Intranet der Bundeswehr [08.03.2005]

Intranet VII: Meyer. B., *Der protokollarische Auftrag hat absolute Priorität..* Bonn, 2002: Intr@net aktuell. Intranet der Bundeswehr [08.03.2005]

Intranet VIII: N.N., *Vor 10 Jahren: Berlin verabschiedet die alliierten Freunde.* Bonn, 2004: Intr@net aktuell. Intranet der Bundeswehr [11.03.2005]

Intranet IX: N.N., *Spaß am musizieren – Einsatz des Stabsmusikkorps beim Staatsempfang.* Bonn, 2004: Intr@net aktuell. Intranet der Bundeswehr [11.03.2005]

Intranet X: N.N., *Feierliches Gelöbnis beim Fallschirmjägerbataillon 263 aus Zweibrücken – Ein Gelöbnis im stillvollen Rahmen.* Bonn, o.D.: Intr@net aktuell. Intranet der Bundeswehr [11.03.2005]

Thesenpapier des Referats vom 03. Februar 2005

Hauptseminar: 'Diplomatie und Protokoll'

Freie Universität Berlin

<u>Handout:</u>

Militärisches Zeremoniell – am Beispiel der Bundeswehr

Was ist das militärische Zeremoniell (Traditionspflege) allgemein?

- In erster Linie für militärische Zwecke gedachte Riten; wirken jedoch stark nach außen
  - o Militärisches Grüßen (früher = Aufklappen des Visiers, Abnahme der Kopfbedeckung)
  - o Melden
  - o Wachdienst/Wachablösung
  - o Truppenparaden
  - o Flaggenparaden
  - o Aushändigung von Urkunden, Auszeichnungen und Orden
  - o Dienstliche Besuche/Abschreiten der Front (Gewehre entladen = Friedensgeste)
  - o Gelöbnis und Vereidigung
  - o Kleiderordnung
  - o Rangordnung
  - o Salutschießen (Friedensgeste = Geschützrohre sind frei und leer)
    - Maximal 21 Schuss in möglichst unbewohntes Gelände (Flugplatz, Meer, ...)
    - Erster Schuss wenn der Gast die Gangway betritt; dann alle fünf Sekunden insgesamt 20 weitere; danach soll der Gast erst die Stufen nach unten nehmen

Warum wird das militärische Zeremoniell so sehr gepflegt?

- Weithin sichtbarer Ausdruck von Disziplin
- Förderung der eigenen Motivation (Kampf- und Opferbereitschaft)
- Traditionspflege und Selbstdarstellung
- Integration der Streitkräfte in Staat und Gesellschaft

Grundlagen des militärischen Zeremoniells für die Bundeswehr (Freiheit, Gehorsam und Würde)

- Traditionserlass des Bundesministers der Verteidigung vom 01.07.1965
- Ziel: Festschreibung der Tradition der deutscher Wehrgeschichte (z.B. Vaterlandsliebe, Tüchtigkeit, Leistung, Würde, Pflichterfüllung, Gehorsam, politisches Mitdenken, Verantwortungsübernahme)
- Umsetzung des Prinzips der 'Inneren Führung' (= Staatsbürger in Uniform)

Welche Rolle spielt das Wachbataillon dabei?

- Seit 1957 stellt die Bundeswehr eigens zur Ehrerweisung das so genannte Wachbataillon auf
- Aufgabe: Einsatz im protokollarischen Dienst und Bewachung des Bundesverteidigungsministeriums
- Die Uniform des Wachbataillon unterscheidet sich nur geringfügig von der, der anderen Soldaten
- Das Personal (über 1.000 Angehörige) besteht überwiegend aus besonders ausgewählten Wehrpflichtigen; Deutschland verfügt damit über eine verhältnismäßig kleine Garde

Militärische Ehrenerweisung im Besonderen als Darstellung eigener staatl. Souveränität

- Truppenstärke = Gradmesser für Respekt und Achtung
- Darstellung und Wertschätzung der eigenen Streitkräfte gegenüber Gästen und Bevölkerung
- Nutzung des gegebenenfalls hohen öffentlichen Interesses während eines solchen Besuchs
- <u>Berechtigte</u>
    - Ausländer (nur bei offiziellen Empfängen/dienstlichen Besuchen): Staats- und Regierungschefs, Verteidigungsminister, Staatssekretäre im Verteidigungsressort, Generalinspekteure/Oberbefehlshaber/Generalstabschefs
    - Inländer (nur bei Truppenbesuchen): Bundespräsident, Bundeskanzler, Verteidigungsminister, Staatssekretäre im Verteidigungsministerium, Generalinspekteur, Inspekteure der fünf Teilstreitkräfte

- <u>Ehrenformation in Bataillonsstärke</u>
    - Nur für ausländische Staatsoberhäupter
    - Nicht für den Bundespräsidenten
    - Einmarsch der Formation: 1. Spielmannszug, 2. Musikkorps, 3. Fahnenabordnung, 4. Kompanie des Heeres (4/9/81), 5. der Marine (4/9/81), 6. der Luftwaffe (4/9/81)
    - Ablauf des Zeremoniells: Nach Eintreffen des Gasts - Gast und Gastgeber stellen sich der Front zu Beginn des Zeremoniells gegenüber auf ein flaches Podest - wird präsentiert, die beiden Nationalhymnen gespielt und es folgt die Meldung 'Augen rechts' sowie an den Gast '[Frau/Herr Name], die Ehrenformation der Bundeswehr zu Ihrem Empfang angetreten', dann spielt das Musikkorps den Präsentiermarsch, Gast und Gastgeber (letzterer leicht rechts dahinter) schreiten die Front ab, drei Schritte links des Gasts folgt der Führer der Ehrenformation bzw. rechts eventuelle weitere Begleiter, am Ende wird vor der Fahnenabordnung angehalten und der Gast grüßt die Fahne, Abschluss des Zeremoniells durch Abmeldung durch den Führer der Ehrenformation

- <u>Ehrenformation in Kompaniestärke</u>
    - Für alle ausländischen Gäste unterhalb des Rangs eines Staatsoberhaupts
    - Für den Bundespräsidenten
    - Bei Kranzniederlegungen/(Staats-)Begräbnissen; Melodie: 'Ich hatt' einen Kameraden'
    - Einmarsch: 1. Spielmannszug, 2. Musikkorps, 3. Fahnenabordnung, 4. Kompanie (4/9/81)
    - Ablauf des Zeremoniells ansonsten wie in Bataillonsstärke

- <u>Ehrenzug</u>
    - Für den Bundeskanzler und alle übrigen inländischen Ehrenberechtigten
    - Zug der Stärke 1/3/27 (dehnbar bis auf maximal 48 Mannschaften) plus ein Trommler
    - Der Ehrenzug wird dem Gast gemeldet bzw. wieder abgemeldet

- <u>Ehrenspalier</u>
    - Sonderanlässe wie z.B. Gangway-Wache bei Ankunft/Abflug ausländischer Gäste
    - Formation allgemein in der Stärke 1/1/6; bei ausländischen Staatsoberhäuptern sogar 1/2/16, so dass der Eindruck einer Doppelreihe (Spalier) entsteht

- <u>Ehrenposten</u>
    - Nach Bedarf für offizielle Gäste am Eingang eines besonderen Gebäudes; Stärke 0/1/2

- **Ehrenwache**
  - Findet sich i.d.R. am Amtssitz jedes Staatsoberhaupts, vergleichbar den Schloss- oder Leibwachen früherer Zeiten; Deutschland = Bundesgrenzschutz; Vatikan = Schweizer Garde
  - Ausländische Staatsoberhäupter bekommen für die Dauer des Aufenthalts vor ihrer 'Residenz' jedoch eine militärische Wache der Stärke 1/2/16 plus Trompeter

- **Großer Zapfenstreich**
  - Höchstes militärisches Zeremoniell (feierliche militärmusikalische Abendveranstaltung mit einer bestimmten Abfolge von Trommel- und Pfeifenstücken) der Truppe; wird nur äußerst selten außerhalb des Militärs gespielt (Ausnahme: z.B. Bundespräsident, Bundeskanzler)
  - Manche Musikstücke dürfen zu keinem anderen Anlass gespielt werden
  - Darf innerhalb eines Jahres maximal zweimal an einem Ort stattfinden
  - Findet nur aus ganz besonderen Anlässen statt, z.B.: Abschluss von Großmanövern, Gelöbnis von Rekruten einer Brigade, Ehrung höchster Offiziere bzw. Privatpersonen, Staatsakte
  - Beteiligte: ein Spielmannszug, ein Musikkorps, zwei Züge Gewehrträger mit Fackelträger
  - geführt wird durch einem Stabsoffizier; die musikalische Leitung hat der Musikkorps-Chef
  - Ablauf
    1) Marsch des Yorck'schen Korps (Erinnerung an die Befreiungskriege 1813/14)
    2) Serenade (drei von der Hauptperson frei wählbare Musikstücke; i.d.R. mit Bezug auf regionale/landsmannschaftliche Besonderheiten = z.B. Bayernlied am Ende)
    3) Partitur des Großen Zapfenstreichs/Zapfenstreichmarsch (Zeichen der Verbundenheit und Zusammengehörigkeit der Teilstreitkräfte und Truppengattungen)
    4) Symbolische Gelegenheit zum Gebet (Aufforderung zu Frieden und Toleranz)
    5) Nationalhymne (Lied der Deutschen) – wird erst seit 1922 als Abschluss genommen

Literaturangaben:

- Hartmann, J., *Staatszeremoniell* - 3. Auflage, Heymanns Verlag, Köln, 2000, S. 215ff
- Lange, S., *Der Fahneneid – Die Geschichte der Schwurverpflichtung im deutschen Militär*, Band 19, Edition Temmen, Bremen, 2002
- Presse- und Informationsstab, *Der Große Zapfensteich*, Verteidigungsministerium, Bonn, 1998
- *Symbole und Zeremonielle in deutschen Streitkräften*, Band 3, 1. Auflage, Herford, Bonn, 1984
- *Wachbataillon - Militärisches Zeremoniell heute noch zeitgemäß?*, S. 15ff

Abb. 1: Vorform des Eisernen Kreuz'[67]

Abb. 2: Ausgeführter Entwurf von K. F. Schinkel 1813[68]

Abb. 3: Eisernes Kreuz als Hoheitsabzeichen im Ersten Weltkrieg[69]

---

[67] Vgl. Internet VI
[68] ebenda
[69] ebenda

Abb. 4: Balkenkreuz nach Ende des Ersten Weltkriegs[70]

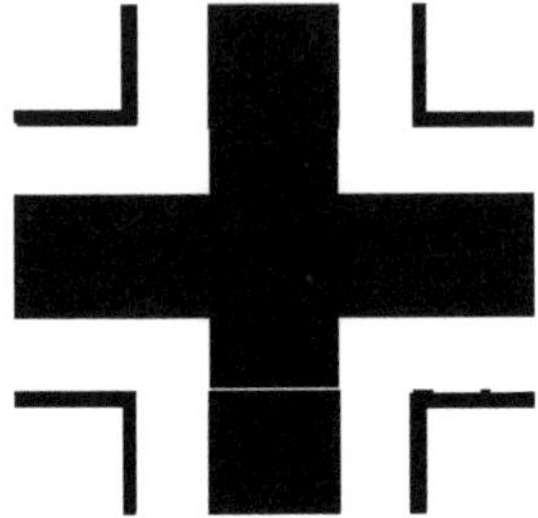

Abb. 5: Ritterkreuz mit Eichenlaub[71]

Abb. 6: Eisernes Kreuz seit 1956[72]

---

[70] Vgl. Internet VI
[71] ebenda
[72] ebenda

Abb. 7: Logo der Bundeswehr im 21. Jahrhundert – das Eisernes Kreuz[73]

Abb. 8: Ehrenformation vor dem Schloss Bellevue, Berlin-Tiergarten[74]

Abb. 9: Ehrenformation auf dem militärischen Teil des Flughafen Berlin-Tegel[75]

---

[73] Vgl. Internet VI
[74] Quelle: Presse- und Informationsamt der Bundesregierung (ggf. Fremdanbieter)
[75] ebenda

Abb. 10: Ehrenhof vor dem Bundeskanzleramt, Berlin-Mitte[76]

Abb.11: Großer Zapfenstreich zu Bundespräsident Rau's Verabschiedung (1)[77]

Abb.12: Großer Zapfenstreich zu Bundespräsident Rau's Verabschiedung (2)[78]

---

[76] Quelle: Presse- und Informationsamt der Bundesregierung (ggf. Fremdanbieter)
[77] ebenda
[78] ebenda